Friedrich Weinreb
Vom Geheimnis der mystischen Rose

Friedrich Weinreb

Vom Geheimnis der mystischen Rose

Textfassung Christian Schneider

Thauros Verlag
Weiler

Dieses Werk ist eine vom Autor zum Druck freigegebene schriftliche Ausarbeitung seines am 9. Dezember 1980 in Basel gehaltenen Vortrags »Die Rose« in der Vortragsreihe »Themen aus der jüdischen Mystik«. Das Abschreiben des Tonbandes besorgte Antonie Schneider, die Texterfassung und Redaktion Christian Schneider.

10.–12. Tausend

Jakob-Huber-Straße 9 D-88171 Weiler im Allgäu
Typografie Rudolf Paulus Gorbach
Herstellung Gorbach GmbH Buchendorf
Satz aus der kursiven Walbaum
beim Studio Weishaupt Meckenbeuren
Druck und Bindung
durch Hofmann Druck Augsburg
ISBN 3-88411-019-5
Printed in Germany

Lieber Leser!

Das Geschriebene in diesem Buch will gehört werden, tatsächlich, denn Friedrich Weinreb hat es ursprünglich erzählt. Und Sie wissen ja, wie es ist, wenn einer erzählt: Beim Erzählen bildet sich das Thema eigentlich erst allmählich heraus. Viele Haupt- und Nebenwege geht das Erzählen, entdeckt versteckte Winkel, achtet auch auf manche Kleinigkeiten am Weg und verweilt gern etwas, wenn der weiterführende Einfall Gestalt annehmen will.

Dieses lebendige Mitteilen, das die überschaubare Zuhörerschar durch ihre Aufmerksamkeit und ihr hingebendes Lauschen mit hervorruft, in der Textfassung sogut es eben geht zu bewahren, und alle, die nicht beim Erzählen dabeisein konnten, daran ein bißchen teilhaben zu lassen, war für die Herausgabe des Buches ausschlaggebend.

Ich habe dem Text deshalb auch keine Fußnoten mitgegeben, obwohl jede Seite dazu auffordert. Das Gebiet, von dem Weinrebs Erzählen ausgeht und worein es auch wieder mündet, ist DER MENSCH, also unerschöpflich, also auch durch Fußnoten, seien sie noch so hilfreich, niemals erklärbar. Und das, was fremd und unverständlich bei der ersten Begegnung ist, könnte ja, statt daß verärgert fehlende Fußnoten beklagt werden, sehr wach machen und Anlaß sein, eine neue Welt staunend selbst zu entdecken.

Material gibt's dazu in Hülle und Fülle. Friedrich Weinreb hat mit seinen vielen Büchern Herkunft, Leben und Bestimmung des Menschen, wie es im alten Wissen des jüdisch-christlichen Kulturkreises überliefert ist, für die heutige Zeit sehr lebendig und allgemeinverständlich dargestellt. Wenn Sie diese Schätze kennenlernen wollen, schreiben Sie mir (Jakob-Huber-Str. 9, D-88171 Weiler im Allgäu), ich sende Ihnen natürlich gern ausführliche Informationen darüber zu, Ihr

Christian Schneider

Es gibt viele Hinweise, daß die Rose mit dem mystischen Erleben eng zusammenhängt. Warum gerade die Rose?

Im Hebräischen heißt die Rose SCHOSCHANA, wovon der Name Susanna stammt. Rosa, wie viele jüdische Mädchen und Frauen heißen, ist nur die direkte Übersetzung des hebräischen Namens Schoschana; als Rosa aber wurde man in der Gesellschaft nicht wie eine Fremde angesehen.

Manche Gelehrten späterer Zeit glaubten aufgrund botanischer Studien und archäologischer Ausgrabungen, es könnte sich bei der SCHOSCHANA auch um eine Lilie handeln. Aber das sind Theorien, die uns hier nicht weiter beschäftigen sollen. Wichtig ist, daß jedenfalls mit SCHOSCHANA eine Art Ur-Blume gemeint ist, und dafür steht in der Mystik die Rose.

Eine Blume – das ist etwas, das hier, in unserer Welt, aufgeht, etwas, das hier erscheint. Ich möchte daher zur Einführung ins Thema vom Erscheinen in dieser Welt sprechen.

Das Erscheinende gilt doch eigentlich als Symbol von etwas, das nicht erscheint. Symbol bedeutet, es erscheint und ist zu gleicher Zeit im Erscheinen das, was hier nicht erscheinen kann. In der Freude am Symbol drückt sich vielleicht die Sehnsucht des Menschen aus, daß das Leben, das man hier lebt, in Beziehung gebracht ist zu etwas im Leben, das nicht ausgesprochen werden kann, obwohl es ganz deutlich im Leben gespürt wird. Denn jedes Aussprechenkönnen gibt auch die Freiheit, es so oder so sagen zu können; dieses Unausdrückbare aber müßte etwas sein, das fest steht, das DA IST.

So fühlt man auch, daß mit dem eigenen Ich etwas Besonderes los ist. Zwar weiß man, man ändert sich fortwährend, wird älter, wird vom Fluß der Zeit mitgetragen; zwar empfindet man ein Ändern in seinem Leben in Form wechselnder Auffassungen, neuer Erfahrungen; zwar ist man manchmal Optimist, manchmal Pessimist; aber das Ich selbst, das alles zusammenfaßt, das, spürt man, kann diesen Änderungen nicht unterworfen sein, sondern muß irgendwo und irgendwie bestehen bleiben. Was dieses Ich eigentlich ist, weiß man nicht. Einerseits denkt man, es wechselt doch immerzu, andererseits fühlt man es als eine Art Summe von allem, ja, mehr als die Summe aller Minuten, Stunden und Tage des Lebens. Denn das Ganze ist mehr als die Summe aller Teile; man spürt eben die Seele des Ganzen. Das bringt den Menschen dazu, Symbole zu suchen, denn ein Symbol BLEIBT. Man möchte, daß etwas in der gleichen Art, aber NEU geschieht.

In der Mystik – die christliche ist aus der gleichen Wurzel wie die jüdische – kennt man also auch Symbole, die feststehen. Die mystische Tradition nennt alles, was erscheint, Symbol dessen, was Gott denkt und möchte und ist. Gott ist jenseitig, ist heilig, ist im Fließen der Zeit unerreichbar; aber die Welt zeigt in ihren Symbolen, was dort bei Gott in seinem Schenkenwollen, in seinem Erkanntwerdenwollen, in seinem Sichausdrückenwollen lebt. Und das wird hier, im äußersten Gegenüber zu Ihm, in Symbolen offenbar, die in Zeit und Raum erscheinen.

So kennt man in der Mystik verschiedene Erscheinungen in der Welt als Symbole. Das Lamm zum Beispiel; als Symbol steht es DORT, jenseitig, so fest, wie für uns hier eine Form feststeht, während Lämmer hier in der Welt natürlich kommen und gehen. Rosen hier blühen und vergehen, aber die Rose als Symbol ist dem nicht unterworfen, sondern geradezu wie eine Gewähr dafür, daß die Rose immer da ist. Das Symbol in der Pflanzenwelt, der Tierwelt, der ganzen organischen Welt zeigt eben, daß ein Kommen und Gehen ist – selbst mancher Symbole. Andere bleiben, Symbole der Welt und des Menschen, wie Tag und Nacht, Wachen und Schlafen, Denken und Träumen. Symbol des Menschen ist nie ein Einseitiges, Eindeutiges, sondern immer das Paradox.

Auch das Verhalten des Menschen ist symbolisch. Was wir in Worten nicht ausdrükken können, weil die Worte sich ändern je nach dem, wie man gerade ist, kommt dann in der Verdichtung, im Materiellen zustande. Wenn man spürt, daß man doch nicht sagen kann, was man eigentlich möchte, dann »sprechen« die Gesten der Hand oder die ganze Haltung des Körpers. So zeigt das Verhalten, daß das, was die Worte eigentlich sagen wollen, sich irgendwie stärker oder besser im Materiellen ausdrücken kann. Darauf fußen doch auch die Kulthandlungen. Man will etwas bleibend ausdrücken, weil man spürt, etwas vom Ich, der Gemeinschaft, der Sehnsucht muß doch bleibend sein.

Ein Verhalten ist wie eine Verdichtung dessen, was im Wort nicht ganz gesagt werden kann. Vielleicht drückt ein »Dichter« das aus, was er durch einfaches Erzählen nicht sagen kann. Im Gedicht aber ist es verdichtet, konkreter gemacht. Tatsächlich sind ja manche Gedichte im Laufe der Zeit fast zum Symbol geworden, so etwa Goethes »Über allen Gipfeln ist Ruh«. Man spürt an den Worten, wie sie sich fügen, am Rhythmus: Es hat sich etwas verdichtet, worin auch die Gefühle und das Leben Goethes ganz aufgegangen sind. Ebenso ist Goethes Faust-Dichtung eine Art Symbol der westlichen Menschheit geworden.

Symbole sind Verdichtungen. Nun, die Natur ist das am weitesten sich Verdichtende. Verdichtet zum Beispiel wie ein Felsen; aber was IST ein Felsen? Verdichtet wie eine Rose; aber was IST eine Rose? Die Verdichtung, spüren wir, ist in der Natur nur wie ein Ausgangspunkt. Es geht aber viel weiter. In der Mystik, und besonders in der jüdischen Mystik, kennt man die Welt im Bild der Spirale. Hier in unserer konkreten Welt, im realen Zeitablauf, ist nur eine Windung sichtbar, die unterste. Wie man hier auch nur die Farben des Spektrums von Rot bis Violett sehen kann; man weiß aber, daß es jenseits von Rot und jenseits von Violett noch sehr vieles gibt, das wir nicht – oder nur ein Stück weit mit Hilfsmitteln – sehen können. Und es gibt wiederum andere Frequenzen von Schwingungen, die man wohl hören, aber nicht sehen kann.

In der Kabbala werden die Farben nach

gewissen schneckenartigen Lebewesen benannt. Grundlegend für das Leben dieser Lebewesen ist die Farbe, die »Purpurschnecke« zum Beispiel lebt »purpurn«, die »Violett-Schnecke« lebt »violett«. Gesehen wird diese Welt wie ein Kreis, denn wenn man über das Violett hinausgeht, kommt man wieder zum Roten, und dann über das Gelbe und Blaue wieder zum Violett. Aber, so wird gesagt, es ist kein Im-Kreis-drehen, sondern ein Sich-erheben in der Spirale. Der Kreis erhebt sich aus der Horizontalen in eine neue Dimension, die Vertikale, im langsamen unmerklichen Übergang. Wie das Leben sich nicht im Erscheinenden erschöpft, sondern in der nächsten Windung, nun nicht mehr sichtbar, auch da ist. Die Frequenzen der Schwingung sind anders geworden, nicht mehr sichtbar oder nicht mehr hörbar, aber sie sind als Frequenzen da.

Es wiederholt sich also das Gleiche auf anderer Ebene, auf einer höheren Spiralebene. Deshalb wird im »Sohar«, einem Hauptwerk der Kabbala, als Grundbild der

Schöpfung das Schneckenhaus gegeben. Die Schnecke, die die Farbe lebt und die Spirale trägt. Unsere Schnecke hier, in der untersten Windung, ist Symbol dessen, was in der nächsten Windung die Schnecke IST; und weitere Windungen folgen, immer weiter von der untersten entfernt.

Jerusalem – eine Stadt hier. Man spricht aber auch vom himmlischen Jerusalem. Also die gleiche Stadt ist DORT auch da. Der Mensch lebt nicht nur in der erscheinenden Windung dieses Kreises hier –, der wie ein Kreis aussieht, aber keiner ist –, sondern er erhebt sich, entfernt von der Horizontale des Kreises. Das Haus, worin wir wohnen, das Land, in dem wir leben, die Erde, die uns trägt – immer bleiben sie die gleichen Haus, Land, Erde, aber in anderen Windungen.

Man geht beim Sterben nicht weiter und läßt, wie man sagt, die Welt zurück, sondern man geht in eine nächste Windung und trifft dort die gleiche Welt und die gleichen Menschen. Die Welt ist Gottes Schöpfung und nicht irgendein Tränen- oder Jammer-

tal, das man durchstehen muß, um im Tod endlich davon erlöst zu sein und weitergehen zu können. Der Gestorbene, heißt es, wird sich sehr wundern und staunen, wenn er sich in der gleichen Welt wiederfindet. Er wird die Welt sehen, die Welt aber nicht ihn. Denn wer in der Windung des Konkreten lebt, kann nur das Symbol sehen, nicht aber das Wesentliche.

Heute bestätigen sozusagen die Berichte von kurzzeitig klinisch Gestorbenen die Mitteilungen des alten Wissens. Sie berichten nämlich ziemlich übereinstimmend, daß sie sich vom Bett ERHOBEN hätten, während die Umstehenden sich mit ihrer Leiche abgaben, massierten, künstlich beatmeten. Sie hätten da lächelnd zugeschaut und gedacht: »Ihr seid falsch verbunden, dieser Körper bin ich doch gar nicht.« Man spüre, berichten sie, den ganzen Körper, sähe die Leute und gehe durch sie hindurch, wie auch die Leute durch einen hindurchgingen. Röntgenstrahlen, Radiowellen oder ganze Fernsehbilder gehen ja auch durch Mauern, ohne daß es schadet. Wir sagen zwar, es sei hart und fest und undurchlässig – ein Symbol muß fest sein, DA SEIN –, in Wahrheit aber ist es ganz durchlässig. Sie könnten, sagen sie, zu den Leuten sprechen, aber die hörten es gar nicht, während sie alles wohl verstünden, was die Leute sagten.

In den anderen, den höheren Welten, den höheren Windungen versteht man ganz gut, was wir hier sagen, nur wir können keinen Bezug dorthin herstellen. Und gewaltsam soll man das Andere nicht hierher in den Kreis wieder hineinzwingen, denn es wurde doch gerade aus dieser Windung erlöst. Nur Neugierde und wissenschaftliche Beweissucht sind es, die es manchmal zurückrufen wollen.

Diese weiteren Windungen können wir physisch mit Frequenzen vergleichen, die wir nicht wahrnehmen können. Dennoch wissen wir, daß es sie gibt, und zwar unendlich viele, nach beiden Seiten. Ein Ausdruck im Symbol, daß es andere, nicht sichtbare Welten gibt. Wie es im Sichtbaren ja auch durch die Spirale ausgedrückt erscheint.

Im gesamten Pflanzen- und Tierleben spielt die Spiralstruktur eine wichtige Rolle. Beim Menschen, anatomisch, kennen wir das Schneckenhaus im Ohr. Aufgrund einer Spirale, nicht eines Kreises!, können wir hören. Und wenn dieses Schneckenhaus nicht richtig funktioniert, so kommt es zu Gleichgewichtsstörungen, man kann nicht mehr aufrecht stehen, fällt hin. Wir stehen aufrecht, weil in unserem Nichtbewußten Klarheit darüber herrscht, daß wir hier im Konkreten nur die eine Windung erleben, die anderen Windungen aber alle ANWESEND sind, wie das Schneckenhaus in unserem Gleichgewichtsorgan. Die Spirale als Grundlage der Welt zeigt sich bis hinein in die Spiralnebel im Weltall, wo es ganze Welten, Milchstraßensysteme in Spiralstruktur gibt – Ausdruck davon, daß die Spirale Urtypus des Lebens und der Welt ist.

Mit dieser Kenntnis der Spiralstruktur wenden wir uns wieder der Rose zu, die hier als Blume erscheint. Ihr Name könnte uns Aufschluß über ihr Wesen geben. Denn das

Wort lebt nicht nur hier, sondern in ALLEN Windungen der Spirale. Es ist nicht nur das Wort, das wir hören, sondern auch das Wort, das wir erleben. Gerade in der deutschen Sprache drückt sich das sehr klar aus. »Stimme« zum Beispiel nennt, was man klar hören kann; mit »Stimmung« aber ist nichts Hörbares mehr gemeint. Eine Stimmung überkommt uns, wir SIND dann in ihr. Und ist man »verstimmt«, dann stimmt etwas nicht, bei anderen oder bei uns selbst. Man hört schon, aber ES stimmt eben nicht.

Weitere Beispiele gibt das Deutsche, geben aber auch andere Sprachen, in Fülle. Ich nenne nur das Zählen und das Erzählen, das Stehen und das Verstehen, das Greifen und das Begreifen. Die Sprache selbst führt uns vor, daß sie mehrere Windungen hat. Deshalb heißt es, das Wort, das von Gott in diese Welt kommt, wird Fleisch, wird Botschaft, wird Form, wird Symbol. Das Sprechen dieses Wortes bringt die Dinge zustande. So glaubt ja auch der Mystiker, daß Worte imstande sind, etwas zustandezubringen. Hier haben Sie, ganz absichts-

los, wieder ein Beispiel der Sprache. »Imstande« und stehen; »zustandebringen«, also, daß es entsteht oder ersteht.

Vielleicht ahnen Sie jetzt etwas von der Kraft des Wortes. Nur, wer, im Kreis befangen, denkt, man könnte mit dieser Kraft weiterkommen, der wird schon im alten Wissen auf die Gefahr der Magie hingewiesen. Das Leben im Kreis, heißt es, verschafft dir zwar immer mehr Detailkenntnisse des Kreises, du wirst immer mehr spezialisiert, aber dabei verlierst du dann auch die Fähigkeit, dich aus dem Kreis erheben zu können. Du bist dann gefangen im Kreis. Und nicht einmal den ganzen Kreis kennst du, sondern nur das kleine Stückchen, das du übersehen kannst. Magie ist ein Zeichen der Verzweiflung in der Gefangenschaft des Kreises. Auf gewissen Gebieten magst du dich ja klar und eindeutig behaupten können, du verlierst dabei aber deine Seele, dein Organ für die weiteren Windungen. Magie ist also kein Unsinn, ebensowenig wie die Technik Unsinn ist; im Gegenteil, du kannst sehr viel damit erreichen – viel schärfer sehen –, aber was hast du von all dem, wenn deine Seele Schaden leidet?

Das Wort enthält mehrere Windungen. Das Wort als Symbol: Es ist natürlich auch bis ins Letzte, Äußerste da, denn wenn es nicht auch hier erscheinen könnte, wäre das Leben hier sinnlos. Und sinnlos wäre auch die Suche nach einem Sinn, denn der Mensch sucht ihn gerade dort, wo er das Andere weder sehen noch vom Anderen etwas hören kann, sondern wo er nur glauben kann, lieben, hoffen; zu sehen, zu beweisen gibt es da nichts.

Anders ist es, wenn die Suche zur Versuchung wird. Eine Versuchung nämlich ist es, wenn man nur diesen Kreis sieht und hofft, viel in diesem Kreis erreichen zu können. Die Bilder der Versuchung im Neuen Testament: Alle Reiche will er Ihm schenken, aus Steinen Brot machen, alles Mögliche. Aber, antwortet Er, was soll Mir das? Ich bin doch nicht nur diese Welt, dieser Kreis, Ich bin doch ein Ganzes.

Das Suchen im Sinn der Versuchung

führt auch zur Sucht. Wenn der Mensch GANZ ist, ist sein Suchen ein Sich-sehnen. Sehnsucht bedeutet: Ich möchte mich erheben! Das Geheimnis ist technisch nicht zu erreichen; du kommst ihm nur näher, wenn in deinem Verhalten etwas geschieht, wenn dein Verhalten dir etwas Neues zeigt: Nicht mehr ein Beurteilen der Menschen deiner Umgebung, nicht mehr ein Analysieren, sondern du schätzt sie um ihres Geheimnisses willen, ja, du schützt es, indem du ihnen vertraust, glaubst, indem du, wie es so schlicht heißt, deinen Nächsten liebst.

In dieser Welt können wir uns nur sehnen, denn das Geheimnis ist das Fundament der Welt. Das hebräische Wort für Fundament, JESOD, hat als Stamm SOD, Geheimnis. Es gibt kein Fundament ohne Geheimnis, das verborgen ist wie die Wurzel des Baumes, wie das Herz und das Hirn und die Seele des Menschen verborgen sind, hier nicht erscheinen können.

Wir kommen zurück zur Rose, zur SCHOSCHANA. Die Kapitelle der Säulen im

Tempel haben, wie die Bibel erzählt, Rosen, SCHOSCHANIM. Da, spüren wir, BEDEUTEN die Rosen etwas, sind nicht nur nebenbei genannte und weiter bedeutungslose Verzierung. Das Hohelied spricht von der »Rose von Scharon«, vergleicht die Geliebte einer »Rose zwischen Dornen«; die anderen Mädchen, die Töchter, umringen sie wie Dornen. Die alte Deutung sagt, dein ERSCHEINEN hier, das sind die »Dornen«. Sie verhindern, daß man in dein Geheimnis eindringt. Der Liebende schützt das Geheimnis. Er versteht, daß »Liebe so stark ist wie der Tod«; mit anderen Worten, die Liebe müßte sich aus dem Kreis dieses Lebens erheben, nicht sterben im physischen Sinn, sondern sterben dem Kreis im Sinne des Auferstehens zum Leben. Also, indem man weiter geht, die Windungen hinauf, wie Gott die Windungen hinab entgegenkommt, und in jeder Ebene finden die Begegnungen statt.

Dieser Name SCHOSCHANA enthält im Hebräischen eine ganze Reihe von Worten, Begriffen und Empfindungen. Da ist das

Wort SCHESCH, sechs. An seiner Wurzel nennt es den sechsten Tag der Schöpfung, den Freitag, den Tag der Erschaffung des Menschen, den Tag, an dem der Mensch im Paradies lebt, und den gleichen Tag, an dem er das Paradies verliert, wie die Überlieferung es erzählt. Der sechste Tag, auch der Freitag im Neuen Testament, der Tag der Kreuzigung.

Aber dieses gleiche Wort SCHESCH, Stamm von SCHOSCHANA, bedeutet auch »Marmor«, bedeutet auch »Leinen« – wir sehen, viele Empfindungen verbinden sich mit dem Namen der Rose. – SCHESCH ist verbunden mit SCHANA; dieser zweite Teil des Wortes drückt wieder anderes aus, spricht vom »Schlafen«, vom Zyklus des Jahres – SCHANA, Jahr –, vom »Lernen« des Menschen, also von seinen Erfahrungen, vom »Wiederholen« im Leben. Im Wort ist hier eine Art Grundlage vom Leben gegeben.

Die Rose, wird erzählt, ist die Blume, die Gott erfreut, ihr entstammt jede Art von Leben, das wächst, wiederholt da ist, Duft bringt. Duft irdisch, aber auch Duft geistig im Menschen, angenehmen Duft, der vom Riechorgan nicht wahrgenommen werden kann. Im »Ich kann ihn nicht riechen« weist die Sprache selbst auf diesen geistigen Duft hin.

Gott riecht, sagt die Bibel, den angenehmen Duft vom Opfer. Ist man im Kreis gefangen, meint man dann gleich, daß da Tiere gebraten wurden und Gott offensichtlich Freude am Bratengeruch habe. Eine merkwürdige Freude wäre das. Der Duft hier ist Symbol des Duftes in den anderen Windungen. Dort bedeutet »Tier« eine Entsprechung zur »Existenz« des Menschen, die sich Gott nähert, und dieses »Näherkommen« (so die wörtliche Übersetzung von KORBAN, das immer mit »Opfer« übersetzt wird) zu Gott ist ein angenehmer Duft.

Im Namen der Rose zeigt sich also die Sechs, SCHESCH, das sich im Hebräischen wie Drei und Drei, nämlich 300-300 schreibt, eine Doppelheit. Zweiheit zeigt sich, Schlaf und Wachsein, das Neue, Kommende und das Jahr, das sich dreht. Es spricht sich darin ein Prinzip des Lebens aus, und die Rose ist das Symbol dieses Prinzips. Daher spricht man in esoterischen Kreisen vom Geheimnis der mystischen Rose, die ja auch die Rosenkreutzer in ihrem Namen führen.

Von der mystischen Rose wird erzählt, sie habe, wie das Jahr zwölf Monde hat, zwölf Blütenblätter, abwechselnd wie Tag und Nacht ein weißes und ein rotes Blatt. Das rote bedeutet die Welt des Farbspektrums, das im Roten seinen Ausgangspunkt hat, das weiße zeigt die Einheit der Farbenwelt, denn im Weißen sind doch alle Spektralfarben vereinigt. Im Roten drückt sich prinzipiell alles Erscheinende aus, denn die Sichtbarkeit beginnt dort, und geht dann über Gelb und Blau zum Purpur und Violett. Das Weiße aber steht ihm als Verborgenes gegenüber.

Das Leben, wie es erscheint, mit dem man zu tun hat, ist durch ein Sich-abwechseln gekennzeichnet, auch von Gut und Böse, von Leben und Tod. Die Rosen im Garten kommen und gehen auch. Nur ein Kind wäre imstande, die verblühte Rose in einem Schächtelchen zu begraben. Da würde die jenseitige Rose lachen: »Mußt mich nicht begraben, ich bin doch bald wieder da. Du glaubst, ich bin die einzige Rose!?« Als Symbol kündet die Rose vom Kommen und Gehen des Lebens. Sie erzählt auch vom Älterwerden. Das Rot wird älter: Orange, Gelb, Blau bis Violett; aber darauf folgt immer wieder das Weiße, in der nächsten Windung ist wieder ALLES enthalten. Dein Haus ist dort auch da, die Stadt, dein Land, aber du mußt keine Miete mehr zahlen, brauchst keinen Ausweis, mußt keine Reisen mehr unternehmen, in der nächsten Windung ist die Beziehung zu allem eine ganz andere. Verleugne deine Herkunft nicht, sie ist ein Gegebenes, ein Symbol von etwas Jenseitigem; deshalb wurdest du an diesem und keinem anderen Ort geboren.

Du BIST nicht, als was du hier erscheinst. Daher ist es so wichtig, daß du hier die Frage stellst: »Wer bin ich?« Wenn du fragst, fragt auch Gott: Wer bin Ich? Das GANZE

Leben, die GANZE Welt – ahnst du etwas von deinem Geheimnis, Meinem Geheimnis? Aber nur durch Liebe, durch Beziehung kannst du zu Mir kommen, niemals durch Berechnung. Eine Beziehung erhebt dich aus dem Kreis, bringt dich Mir näher, vereinigt dich sogar mit Mir.

Rot und Weiß, sechsmal abwechselnd, zwölf Monde im Jahr. Aber wir wissen, das Jahr hat mehr als zwölf Monde, das Mondjahr ist zehn Tage und etwas kürzer als das Sonnenjahr. Etwas von einem dreizehnten Monat zeigt sich, ein dreizehnter Monat, der nur etwa zu einem Drittel durchkommt. Nach drei Jahren, könnte man sagen, wäre dann der volle Monat da; aber es stimmt so nicht genau, es gibt keine dreizehn Monate.

Das Dreizehnte – nur zu einem Drittel erscheint es, zwei Drittel bleiben verborgen. Das eine Drittel ist sozusagen der Ursprung, das Innere, und die zwei anderen Drittel die Erscheinung, die Zweiheit. Die mystische Rose, sagt man, hat ein dreizehntes Blatt, aber von einer Farbe, die hier nicht benannt werden kann. In jedem Leben also ist etwas Dreizehntes da, nicht nur das Erscheinen in Rot und Weiß, und das ist das Göttliche vom Schöpfer. Wie es auch heißt, daß bei jeder Geburt drei beteiligt sind, Vater, Mutter und Gott als Dritter.

Das Jahr ist also durch die zwölf Monde nicht erfüllt, ein Dreizehntes möchte erscheinen, kann sich aber hier nicht artikulieren. Den Namen des Herrn, das Tetragramm, kann man auch nicht aussprechen, weil er nicht artikulierbar ist. Es gibt aber ein Empfinden, ein Sich-sehnen nach diesem Geheimnis, ein Spüren, daß ich diesem Geheimnis nur näherkommen kann durch mein Geheimnis. Wie du spürst, daß du ein Geheimnis hast, welches du nicht kennst, spürst du auch das andere Geheimnis. Im Geheimnis seid ihr euch nah.

Wem kommt da nicht der Gedanke an die Tischgesellschaft beim Abendmahl, wo die Zwölf dasitzen, sechs und sechs, und in der Mitte der Dreizehnte? Auch hier Rot und Weiß abwechselnd, könnte man sagen; nicht im Sinne von Gut und Böse, sondern im Sinne von: Eines wächst und will wachsen, das andere aber nicht, also eines ist wie das Werden – das Rote –, das andere wie das Sein – das Weiße. Auch die zwölf Söhne Jakobs werden geteilt: Sechs stehen zum Segen auf dem Berg Gerisim, und die anderen sechs wegen des Fluches auf dem Berg Ebal (5. Mose 27,12 und 13). Die wegen des Fluches stehen sind nicht Verfluchte, sondern stehen in der Konfrontation mit dem Bösen. Im Menschen lebt etwas, das diese Konfrontation herausfordert.

Die Symbolik der Rose weist uns hier auf eine paradoxale Situation des Lebens hin, auf ein Abwechseln, mit dem Dreizehnten als Geheimnis. Weil sich in den dreizehn Blütenblättern die Urform des Lebens ausdrückt, zeigen die Tempelsäulen dort, wo sie nahe dem Himmel sind, die Rosen. Die Eingangssäulen zum Tempel, Jachin und Boas, tragen keine Dachbalken, sondern nur oben die Rosen. Sie sind sozusagen der Übergang zum Himmel. Aus Kupfer sind diese Säulen, dem Metall des sechsten Tages. Wieder SCHESCH – merkwürdig, was für eine Rolle die Sechs hier spielt. Der sechste Tag, der die Erscheinung des Menschen bringt und zu gleicher Zeit dieses Versagen, dieses Zugrunderichten; zu gleicher Zeit Rot und Weiß, aber das Dreizehnte als Rätsel.

Getragen werden die dreizehn Blütenblätter der Rose von fünf grünen Kelchblättern, so wird es im alten Wissen mitgeteilt. Das Grüne ist Symbol dafür, daß der Ursprung, die Vergangenheit (das Gelbe), und die Zukunft (das Blaue) im JETZT gegenwärtig sind. Und die Tatsache, daß es ein Jetzt gibt, ist die Gewähr dafür, daß es eine Vergangenheit, das Entschwundene, und eine Zukunft gibt, etwas, das wie ein Geheimnis auf uns zukommt, sonst wäre das Gleichgewicht gestört. Ohne diese horizontale Linie vom Gelben über das Grüne zum Blau könnte kein Jetzt sein. Die andere, senkrechte Linie im Spektrum führt, wie erzählt wird, vom Roten im Norden bis zum Grünen in der Mitte; der andere Teil des Kreises, gegenüber dem Roten, der südliche also, ist die weiße Farbe.

Das Grüne steht in der Mitte, hält und trägt die Blütenblätter wie die fünf Finger der Hand den Kelch tragen – Kelchblätter nennt sie die Sprache! Die Hand. Und die Sprache weiß gleich, daß es auch das Handeln ist, das Handhaben – Begriffe, bei denen man an die Hand gar nicht mehr denkt, wo die Hand nur noch Symbol ist für die Hand in der nächsten Windung.

Im Kelch ist der Wein, das Blut, das Leben, und die fünf Finger der Hand des Menschen halten ihn. Bis heute ist es so Brauch im Judentum bei der Heiligung des Weines. Was den Kelch trägt, das Andere umringt, ist dein Handeln in der Welt, dein Ver-halten. Das Andere braucht dich. Wozu? Damit du ohne zu wissen glaubst. Denn im Bereich des Wissens handelt es sich nur um Wein, der gekeltert wurde, und um Brot, das ein Bäkker gebacken hat. Du wirst gebraucht, dein Glaube an Blut und Leib, für die andere Dimension.

Aber wie kann ich glauben, wo ist Gott, was kann ich für Ihn tun? Die Antwort ist gleich, im Judentum wie im Christentum:

Was du dem Geringsten tust, das tust du Mir. Denn wüßtest du, daß es Gott ist, du tätest doch sicher gleich alles für ihn. Gott aber hast du nie gesehen. Doch weil du glaubst und deshalb weißt, daß Gott in deinem Glauben da ist, kannst du den Nächsten lieben, als ob er Gott wäre. Es braucht also dein Halten, dein Verhalten, deine Hand, dein Handeln. Das ist das Halten des Kelchs.

Das ERHEBEN des Brotes mit beiden Händen gibt es ebenso wie im christlichen auch im jüdischen Brauch. Es will sagen: Du hast das Brot gegeben, hast es gemacht, von Dir kommt es her.

Die Rose als Symbol, wie sie in der Natur begegnet oder gemalt, geformt in Metall, gemeißelt in Stein, gehauen in Holz, steht für dieses Erheben. Indem der Mensch die Rose ERLEBT, drückt es sich von selbst mit aus.

Die mystische Rose, die verborgene, die nicht erscheinen kann, ist Grundlage von Gottes Erzählen. Und Gott erzählt sich in allen Pflanzen, Gräsern und Blättern, allen Lebewesen, die in der Welt sind. Die Pflanzen, das Grüne, das »Kraut des Feldes«, wie es heißt, sind das erste Erscheinen des Lebens überhaupt in der Welt. Am dritten Tag der Schöpfung werden erst das Kraut des Feldes, die Gräser geschaffen, und dann, in einer zweiten Phase, die Bäume, gleichsam das Bleibende in der Pflanzenwelt. Denn die Blumen und Gräser kommen und gehen von Jahr zu Jahr. Die Blume muß vergehen, um im nächsten Jahr wieder erscheinen zu können, daher SCHANA, Jahr.

So ist das Leben, das erscheint, etwas Großartiges. Du wirst nicht bleiben können, und du wirst verzweifeln. Aber auch während du verzweifelst, könntest du glauben, könntest du lieben. Denn im Bereich des Wissens kannst du nicht lieben, höchstens »bis auf weiteres«. Die Liebe langweilt dich dann, weil du es WEISST. Im Wissen gibt es nichts Neues mehr.

Du sehnst dich aber nach dem Sichändern. Liebe hat das Geheimnis, daß das

Andere nicht gekannt werden kann, denn es ändert sich fortwährend. Im Wort SCHOSCHANA spricht sich dieses Sich-ändern auch aus; es ist das, was man das »Lernen« nennt. Lernen im Leben, in dem du Neues spürst und erfährst; du freust dich dabei, denn in diesem Leben entdeckst du ein Geheimnis. Während jeder sogenannte Lehrer, der alles so genau weiß, dich langweilt; seine Aggressionen und Depressionen wundern dich nicht, denn wie soll einer mit seinem Alles-genau-Wissen freudig und glücklich leben können?

Grundlage des Lebens ist die Erfahrung des Lernens, daß es sich ändert, wächst, Neues kommt. Das drückt sich auch im Bild des Buddha, der auf der Lotus sitzt, aus. Aufgrund dieser Ur-Blume lebt das erweckte Leben, denn Buddha bedeutet doch der Wache, der Geweckte.

Wir lernen die Welt kennen im Kommen und Gehen, und wir möchten es so gern erstarren lassen. Dabei zeigt uns die Rose: Zu den zwölf Blättern, die in ihrer zykli-

schen Geschlossenheit das Gefühl des Erstarrens geben könnten, kommt doch das dreizehnte Blatt; und die Schöpfung ist so eingerichtet, daß zu den zwölf Monden ein dreizehnter sich meldet, der nicht erscheinen kann, dir aber das Andere, den Ausbruch aus der Erstarrung, verkündet.

Das dreizehnte Blatt läßt gleichsam den Kreis sich zur Windung erheben, wobei jede Windung eine andere Ebene als die vorhergehende angibt. Der Kreis wird nicht durchbrochen im Sinne des Zerreißens, sondern der Kreis geht WEITER, alles kehrt zurück. Die Erde, das Land, das Leben in der Bibel sind ewig und die gleichen, aber in verschiedenen Windungen; es kommt keine andere Welt.

In den anderen Windungen kann man von Engeln sprechen, dort kennt man sie. Hier sind Engel, wie es das Wort sagt, Boten, Botschaften, die dem Menschen kommen, Einfälle. In den anderen Windungen gibt es Feen, Nymphen, Zwerge, Riesen. HIER ist ein Riese, wie es in den Deutungen heißt, die geballte Kraft des Materiellen. Sieht man nur das Materielle, dann lebt eine Welt der Riesen, dann fühlt man sich bedroht von Riesen. Und die Zwerge, die allerlei merkwürdige Dinge wissen, wie die Märchen und Mythen es erzählen, verweisen darauf, daß das Leben auch im Kleinsten, Unscheinbarsten ganz da ist, voller Geheimnisse, wie es uns heute Mikrobiologie und Mikrochemie in der untersten Windung zeigen.

Mythen und Märchen und Sagen und Legenden entfalten das Leben in den anderen Windungen. Sie werden seit jeher erzählt, weil sie, wie die ganze Mythologie, ewige Formen ausdrücken. So sind auch die biblischen Mythen Worte, die von der anderen Seite kommen und sich hier zeigen, Symbole von dort.

Ein Symbol lebt erst, wenn es vom Menschen mit dem Leben im Ewigen verbunden ist. Sonst ist es getötet, ein erstarrtes Symbol. Man tut es dann nur, wie man sagt, als »symbolische Handlung«. Wenn das Symbol von einem Menschen getan wird, in dem das Ewige lebt, dann lebt auch das Symbol.

Aber das Symbol, von einem Menschen gehandhabt, der nur diesen untersten Kreis hier kennt, wird entweiht; indem er es tut, bringt er Gespaltenheit, Sinnlosigkeit.

Ebensowenig kann man es tun, weil man seine Bedeutung ERKLÄRT bekam, weil man weiß, was es symbolisch meint. Man tut es, wird immer gesagt, aus Glauben. Dann lebt es, bedarf keiner Erklärung. Wie das ganze Gehaben und die Gestik des Menschen »sich tut«; sobald man dort anfängt zu erklären, wird der Mensch sehr leicht zum Neurotiker. Es kommt im Verhalten eben so hervor, wie der Mensch lebt.

Aus dem Traum, sagt die Überlieferung, kommt dem Menschen sein Erlebnis des Alltags. Eine spezielle Traumdeutung braucht es nicht, sondern der Tag, der Alltag selbst deutet den Traum. Wer wissen will, was seine Träume bedeuten, muß sich in die Totalität seines Lebens begeben; von dorther öffnet sich ihm der gesuchte Zusammenhang.

Der Wein im Kelch. Der Wein duftet; es ist

der Duft des Lebens. Das Leben duftet wie die Rose. Im Duften zeigt sich: Es geht weiter, ist nicht nur hier. Im Hebräischen sind die Worte für Duft, REACH, und Geist, RUACH, einander sehr nah. Der Geist, heißt es, den du nie sehen kannst, ist wie der Duft. Es ist der Geist, der über deiner Leib-Seele, dem Blut, lebt. Er kann zu Gott hinauf entschwinden.
Gott, heißt es, atmet deinen Duft ein; dein Duft aber ist auch Sein Atem, den Er einatmet, wenn du ausatmest. Du atmest Gottes Atem ein, den Er dir einbläst, in deine Nase, wie es heißt. Du kannst als Mensch nur atmen, weil du an Gott gebunden bist. Gott in dir, weil Sein Atem in deinem Leben ist, und du in Gott, weil dein Atem in Seinem Leben ist. Dort, wo du dich Ihm näherst, atmet Er deinen Geruch; es ist dein Geist, der den Duft bringt.

Hebräisch DAM, Blut, ist sehr nah zum Begriff »gleichen« im hebräischen DOME. Der Mensch heißt doch Adam, welches Wort die Überlieferung als ANI DOME, »ich gleiche« deutet (eigentlich »Ich Blut«). Gott sagt zum Menschen Adam, also: »Ich gleiche dir«, wie auch der Mensch zu Gott sagt: »Ich gleiche Dir« – Gottes Bild und Gleichnis.

Der Wein hat auch das Geheimnis von Rot und Weiß. Er kann den Menschen in den diesseitigen Rausch bringen, und der Wein kann geheiligt werden. Wie doch auch das Christentum den heiligen Wein kennt, den Meßwein oder Abendmahlswein. Der Wein, der symbolisch etwas darstellt, IST gleichzeitig das und jenes bis ins Höchste für den, der an das Symbol glaubt.

Du trinkst aus dem Kelch und reichst ihn weiter, daß andere an deinem Leben teilhaben, daß eine Gemeinschaft ist. Die Gemeinschaft um uns herum ist Symbol der Gemeinschaft mit allen Vorfahren bis zum Vater im Himmel, und der Gemeinschaft mit allen noch Kommenden bis zur letzten Seele, die geboren wird.

Du reichst auch das Brot weiter. Sogar dem, der, wie das Neue Testament erzählt, dich verraten und verkaufen wird. Du reichst es weiter, ohne die Folgen zu beurteilen, du tust es in Gelassenheit und vielleicht gleichzeitig sehr gedrückt. Du spürst in einer Einheit, daß im Leben etwas da ist, das dich töten wird. Wie man ja auch sagt, sobald das Leben hier anfängt, fängt auch der Tod an. Aber du kannst nicht anders. Du sollst es sogar tun, und nicht sagen, nur elfen reiche ich das Brot, der Zwölfte bekommt es nicht. Leben wäre dann nicht da.

Das Brot aus dem Weizen, auch aus dem Pflanzenreich. Aber du weißt, ein Geheimnis Gottes ist darin, das Leben, der Leib ist dort im Symbol verborgen. Wenn du etwa sagen wolltest: »Wozu Brot, ich sage schon, das sei der Leib dort«, so bedenke: Du lebst doch auch nur durch deinen Körper, durch dein Nichtwissen kannst du leben und glauben. Kein Geist erscheint hier, sondern dein Körper. Und das ist Gottes Freude, daß du als Körper erscheinst. Denn das Erscheinen als Körper sagt eben, daß du nichts wissen kannst, nur glauben, lieben, hoffen. Eben darin liegt deine Größe. Und während du glaubst und liebst und hoffst, erlebst du, wieviel du lernst. Die SCHOSCHANA zeigt dir, wieviel das Lernen dir schenkt.

Versuche nicht, die SCHOSCHANA dort zu entdecken, wo sie im Bad ist. Sicher kennen sie das Bild – viele Maler früherer Zeiten haben es gemalt –, wo diese zwei Alten wie Lüstlinge dargestellt werden, die die nackte Susanna sehen wollen. Gleichsam ein Bild für die Situation, wenn man das Geheimnis der Rose wissenschaftlich erfahren will. Das geht eben nicht. Sie kennen die Geschichte. Susanna ist keusch. Die Rose hat Dornen, Umhüllungen, die das Geheimnis wahren. Es heißt, das Leben jedes Menschen lebt auch im Bild der Susanna, die im Bad ist.

Was könnte die SCHOSCHANA uns Heutigen sagen? Vielleicht: »Seht, wonach ihr so eifrig forscht und was ihr zu ergründen sucht, ist doch sehr fad und langweilig. Ihr solltet ein ganz anderes Geheimnis suchen. Ihr kennt mich nicht. Ich hab's aufgegeben, daß ihr bei mir ein Geheimnis sucht. Alles möchtet ihr nur offen, genau, wissenschaftlich analysiert.«

Du reichst den Wein jedem, und dann kommt der Moment, wo sich diese dramatische Frage stellt: Muß ich den ganzen Kelch trinken? Es will sagen, jeder Mensch im Sinne dieser Geschichte möchte im Leben gern etwas verdrängen, möchte das Leben nicht GANZ akzeptieren, wie es kommt. Wir wissen aber, daß das Verdrängte sich auf merkwürdige Art wieder meldet. Also den Kelch tatsächlich ganz trinken, allen Zwölfen zu trinken geben, der ganzen Tischgesellschaft.

Es ist nicht leicht, den Kelch bis zur Neige zu trinken, und es ist deshalb ein Brauch, einen Rest im Kelch zurückzulassen. Wie es auch ein Brauch ist, etwas von jeder Mahlzeit übrigzulassen. Es heißt nämlich, der Moment, wo der Kelch ganz ausgetrunken wird, ist der letzte Moment im Leben. Das aber, was du jedesmal von der Mahlzeit zurückgelassen hast, bekommst du dort, im

Jenseits, zum Genießen. Mit anderen Worten: Was du als Geheimnis bei jeder Sache bestehen hast lassen, ist dort, in der nächsten Windung dein Lohn, wo sich dir dieses Geheimnis in großer Freude zeigt.

Es bleibt ein Überrest als Geheimnis, weil die Rose dieses dreizehnte Blatt hat. In der Welt ist es leichter, mit der Zwölf zu rechnen, aber die Zwölf-Teilung des Jahres enthält einen Irrtum. Daher kann auch die auf der Zwölf-Teilung beruhende Astrologie nie eine wahre Astrologie sein. Weist doch der beginnende dreizehnte Mond im Sonnenjahr auf den Dreizehnten hin. Der Dreizehnte sagt: »Ich werde euch verlassen, aber Ich komme wieder.« Wie also soll die Welt, wenn sie vom Dreizehnten nichts weiß, zu Ihm stehen können? Zwar sagt Petrus, er werde immer zu Ihm stehen; aber, schon bezeugen, wer Er ist, wie kann er das? Er ist doch der Dreizehnte, Er erscheint und geht wieder weg.

Deshalb sagt Er auch dem Petrus: Bevor der Hahn kräht, hast du dreimal mitgeteilt, daß du Mich nicht kennst. Das hebräische Wort für Hahn, TARNEGOL, nennt zweifach die »Form«: TAR, die aggressive Form (lateinisch taurus, Stier, »Stierkampf«), und GAL, die verborgene Form. Es will also Jesu Wort zu Petrus sagen: Bevor die Form erscheint, bevor du überhaupt da bist, kennzeichnet dich schon das, was du weder sehen noch hören kannst: die anderen Windungen.

All das sind Variationen zum Thema der Rose. Sie sind unerschöpflich. Kurz möchte ich noch auf die Esther-Geschichte eingehen, mit der ich mich doch ausführlich in meinem Buch »Die Rolle Esther« befaßt habe. Die Geschichte spielt doch in einer Stadt mit dem Namen SCHUSCHAN, Rose, männliche Form von Rose. Dort lebt Esther, und dieser Name bedeutet: Ich verberge Mich, oder: Ich bin verborgen. Gott sagt das von Sich, und dieses »Ich bin der Verborgene« ist der Name dieser Frau, der Esther. Das Weibliche in SCHUSCHAN, das Erscheinende, die Frau, die Form in der

Rose trägt das Geheimnis von der Verborgenheit.

Der König möchte von Esther wissen, woher sie stammt, aber Esther antwortet nicht. Sie kann es nicht sagen, sie bewahrt ihr Geheimnis, bis in die nächste Windung, könnte man sagen. Ihr Onkel, der in dieser Geschichte auch eine entscheidende Rolle spielt, heißt Mordechai. Diesen Namen deutet die Überlieferung als den »guten Duft«. Wieder treffen wir auf den Duft in Zusammenhang mit der Rose. Die Symbolik ist so wichtig, weil sie ein Geheimnis BEWAHRT.

Ein Buch, das die Symbolik enthüllen will, ist kein gutes Buch. Es tut nur so, als ob es alles weiß, aber es bleibt im Kreis, hat keine Dauer. Nun, man kann es be-dauern, daß Dauer ist, aber es ist gut so. Denn gerade beim Bedauern stellt sich die Frage: Kannst du einen Menschen annehmen, ohne ihn analysiert zu haben? Kannst du einem Armen schenken, ohne seine Verhältnisse ausgeforscht zu haben?

Das Analysieren und Ausforschen will

sagen, du bist aggressiv, gönnst nicht, bist einer, der Geheimnisse enthüllt. Der Sanftmütige, heißt es, erlebt das Geheimnis so gewaltig, daß ihm alles Geheimnis wird, daß er kaum wahrnimmt, wie die Menschen konkret beschaffen sind. In jedem Menschen spürt er zuerst eine Überraschung, ein Geheimnis.

Im Hebräischen gibt es kein richtiges Wort für sanftmütig. Eigentlich ist der Sanftmütige der Bescheidene. Und bescheiden ist nicht einer, der sich in seinem Verhalten als Bescheidener darstellt; bescheiden bedeutet vor allem, sich im Wissen bescheiden, bei allem, was man weiß – und das darf gewaltig sein –, spüren, wie gewaltig das Gebiet sich ausdehnt, wo man nicht weiß, sondern Glauben schenken, hoffen, lieben kann. Dann erst öffnet sich dem Menschen das Wunder der Rose, von dem hier einige wenige Andeutungen gegeben wurden.

Friedrich Weinreb

Zahl, Zeichen, Wort
Das symbolische Universum der Bibelsprache

Friedrich Weinreb stellt in diesem Buch eine von theologischen und philosophischen Auffassungen gänzlich abweichende Denk-, Lese- und Erlebnisweise des biblischen Textes vor. Gerade die jüdische Überlieferung und die Struktur der hebräischen Sprache sind geeignet, zu jenem Ursprung des Wortes zu führen, der in früheren Zeiten noch eingesehen, heute aber fast ganz vergessen worden ist. Als kurzgefaßte Einführung in die Welt jüdischer Überlieferung ist es zugleich ein guter Zugang zum Werk Friedrich Weinrebs.

Aus dem Inhalt: Altes Wissen und Überlieferung. Das Wort und die Zahl. Der Urgrund der Sprachen. Das Schöpfungsschema im 1. Kapitel der Genesis. Buchstaben und Schriftzeichen des Hebräischen. Das Universum des Wortes.

107 Seiten. Format 13 x 21 cm.
Kartoniert. ISBN 3-88411-031-4

Thauros Verlag · D-88171 Weiler im Allgäu

Friedrich Weinreb

Die Astrologie in der jüdischen Mystik

Dieses Buch könnte zum Anlaß werden, den Sinn des Sprunghaften, den Reichtum der Unschärfe und die königliche Freiheit der Wende im Menschen neu zu entdecken. Es wird hier zum ersten Mal eine Astrologie aus der Welt des Seins dargestellt, die der allgemein bekannten Astrologie mit ihren gerade heute so differenzierten Berechnungs- und Deutungsmethoden gegenübersteht. Einer mystischen Astrologie geht es nicht um Erfolge, sondern um die Entfaltung der wunderbaren, ganz überraschenden Struktur, die den Menschen vom Sein her bestimmt. Von dieser Astrologie, die so faszinierend vom Menschen im Gleichnis Gottes erzählt, weiß man heute nichts mehr, vielleicht weil man zu viel wissen, zu viel beweisen, zu viel Recht und Erfolg haben will.

200 Seiten. Format 13 x 21 cm.
Broschiert. ISBN 3 88411-012-8

Thauros Verlag · D-88171 Weiler im Allgäu

Friedrich Weinreb
Der mystische Weg

Im alten Wissen des Judentums ist eine viel kommentierte Geschichte vom Weg des Menschen überliefert, in deren Mittelpunkt die Gestalt des Akiba steht, der vom armen Hirten zum großen Weisen in Israel wird. Schicht um Schicht dieser Geschichte deutend, dringt Weinreb bis zu ihrem Kern vor, wo sich ihr verborgener Sinn als Reise ins Innere, ins Geheimnis zu erkennen gibt. Wie der Mensch zu sich selbst findet und die Verborgenheit in sich kennenlernt; entscheidend dabei ist aber die Rückkehr zur Welt des Alltags. Der Weg durch die »himmlischen Hallen« als Rückweg ins irdische Leben, wo jetzt Zeit und Raum und alles Materielle als herrliches Geschenk mit großer Freude empfangen werden können.

96 Seiten. Format 13 x 21 cm
Broschiert. ISBN 3-88411-046-2

Thauros Verlag · D-88171 Weiler im Allgäu

Friedrich Weinreb

Selbstvertrauen und Depression

Die Schicksale von Saul und David, wie sie die mythische Bilderwelt der Bibel und der jüdischen Überlieferung geformt haben, berühren jeden Menschen unmittelbar. Staunend entdeckt der Leser, daß das Drama der beiden biblischen Könige Saul und David nicht irgendeiner fernen Vergangenheit angehört, sondern ständig im eigenen Ich sich abspielt. Denn der frohe, singende und tanzende David und der düstere, gedrückte, in Eifersucht sich verzehrende Saul sind Aspekte tiefer und gewaltiger Kräfte im Menschen. Weinrebs Erzählen öffnet den biblischen Geschichten Tore zum unmittelbaren, alltäglichen Erleben, und erweckt dadurch »Heilmittel« im Menschen, die helfen.

Englische Broschur. Format 13 x 21 cm.
55 Seiten. ISBN 3-88411-009-8

Thauros Verlag · D-88171 Weiler im Allgäu

Friedrich Weinreb

Die Wurzeln der Aggression

Woher kommen Unfriede, Angriff und Gewalt im Menschen und in der Welt? Friedrich Weinreb, aus der nahezu unbekannten Überlieferung des alten jüdischen Wissens schöpfend, gibt auf diese den Menschen gerade heute sehr bewegende Frage überraschende Antworten. Nicht theoretische Überlegung, sondern die gemäß chassidischer Tradition lebendige Entfaltung biblischer Urbilder – z. B. der Angriff der Schlange im Paradies, Kain und Abel, der Haß der Brüder auf Joseph – führt den Leser allererst zum Erleben des Aggressiven in seinem eigenen Innern. Von da her kann er dann auch ein von abschnürender Angst befreites Verhältnis zur aggressiven Gewalt in der Welt finden, vielleicht sogar zu schöpferischer Verwandlung fähig werden.

64 Seiten. Format 13 x 21 cm.
Engl. broschiert. ISBN 3-88411-008-X

Thauros Verlag · D-88171 Weiler im Allgäu

Zeichen aus dem Nichts

Bilder von Dieter Franck. Texte von Friedrich Weinreb.

Die 22 Aquarelle zur Symbolik des hebräischen Alphabets entstanden aus der Begegnung des Malers mit der Welt des alten jüdischen Wissens, die ihm Friedrich Weinreb erschlossen hat.

Pressestimmen: Die 22 Buchstaben des hebräischen Alphabets sind nicht nur abstrakte Lautzeichen, sie haben auch eine sinnbildliche Bedeutung. Religiöse Überlieferungen des Judentums weisen darauf hin, daß jeder dieser Buchstaben einen wesentlichen Bereich des menschlichen Daseins und seiner Beziehung zu einer göttlichen Weltschöpfung symbolisiert. Diese Symbolik wurde, von dem die Quellen altjüdischer Tradition aufspürenden Schriftsteller Friedrich Weinreb, in einer vom Chassidismus beeinflußten Form interpretiert. Den einzelnen Buchstaben symbolisch zugeordnete Beziehungsobjekte wie Haus, Tür und Fenster, Hand, Mund und Auge, Schwert und Kelch, Feuer und Wasser, Pflanze und Tier hat Franck in konzentrierten, stimmungsdichten, farblich ansprechenden Bildkompositionen dargestellt. (Stuttgarter Zeitung)

80 Seiten mit 23 Farbtafeln. Format 22 x 28 cm.
Büttenbezogener Einband. ISBN 3-88411-007-1

Thauros Verlag · D-88171 Weiler im Allgäu

Friedrich Weinreb
Innenwelt des Wortes im Neuen Testament
Eine Deutung aus den Quellen des Judentums

Mit diesem Buch liest, erlebt und versteht man die Bibel ganz neu. Behutsam bahnt Friedrich Weinreb dem Leser die Wege ins Innere des Wortes, wo dieser sich überrascht in der Tiefe der eigenen Existenz wiederfindet.

»Ich möchte etwas Neues bringen. Nicht gerade nur für Christen oder Juden, sondern für alle, für die ganze Welt. Das Neue ist für mich eben, daß ich, wenn ich von der Bibel spreche, nur Menschen sehen möchte. Keine Religionen oder Kulturen, sondern alle Völker, alle Sprachen. Anders ist die Bibel nämlich jedesmal von einem anderen geraubt, der sie als sein ausschließliches Eigentum betrachtet und entsprechend aggressiv verwaltet.«
Friedrich Weinreb

256 Seiten. Format 13,5 x 21,5 cm.
Gebunden. ISBN 3-88411-034-9

Thauros Verlag · D-88171 Weiler im Allgäu